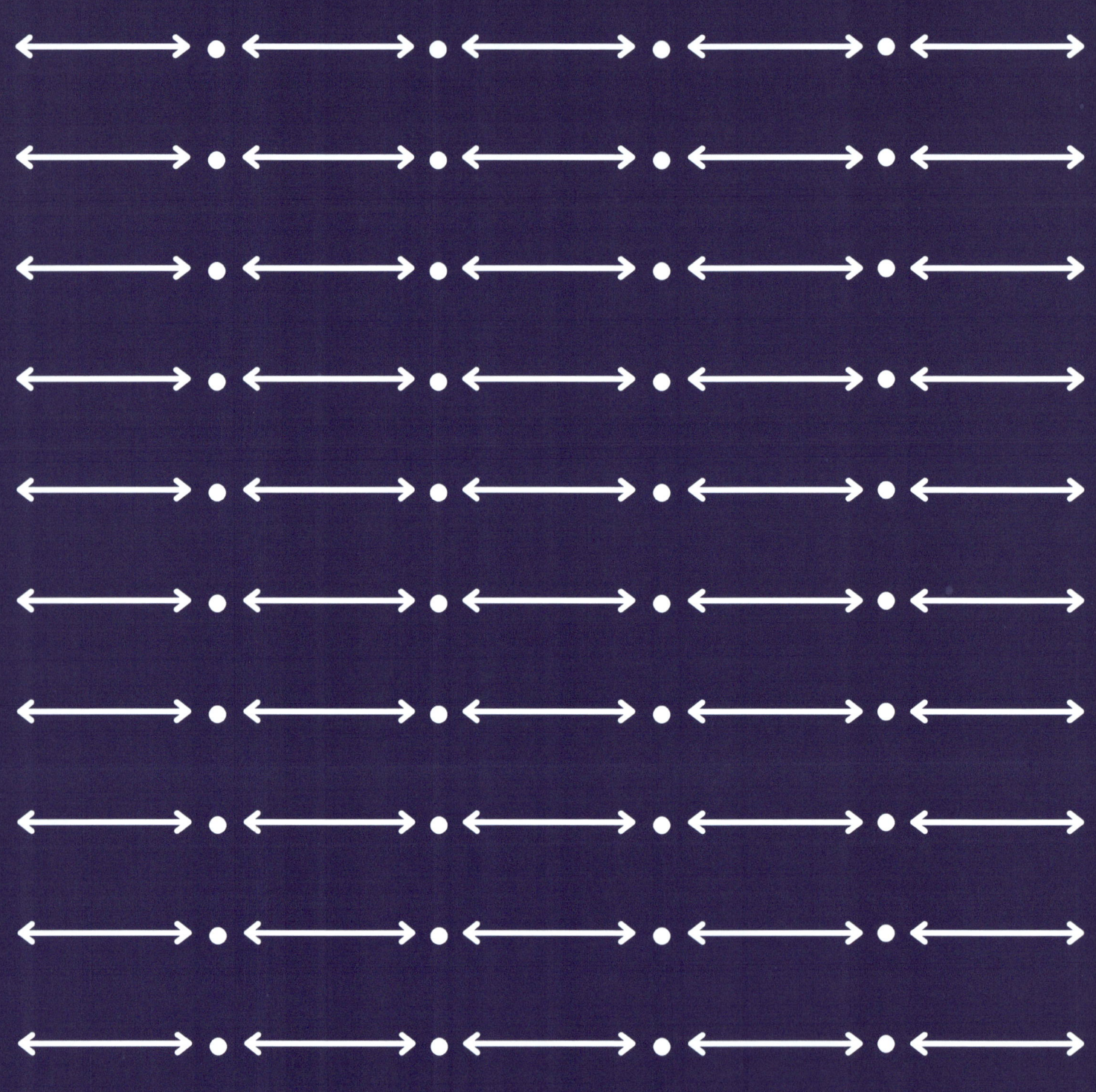

THIS ONE'S FOR THE GALS
Fueling the Future of Women in Industry

In March 2022, over 200 girls from the Coastal Bend in Texas attended the Women in Industry Conference at the Moody Gardens Convention Center in Galveston, Texas. It was a day full of learning about career opportunities that are available to women in nontraditional and often male-populated occupations. The students attended breakout sessions where they listened to women talk about high-demand careers they have successfully made their way into that not many women are aware of. They walked through a Career/Education Expo and spoke with different employers about career paths and with educational institutions about how they can get the knowledge and training they need to enter the workforce.

This One's for the Gals was created in an effort to help girls with career exploration and workforce development, with the goal of empowering them to step out of their comfort zone and into a world of endless possibilities in industry.

Through sharing stories of the very many amazing women that are out in these industries, we hope to help girls see themselves in these roles. Most importantly, we want girls to know they can do hard things, and we are here to show them how!

THIS ONE'S FOR THE GALS
Fueling the Future of Women in Industry

En marzo del 2022, más de 200 señoritas de la región del Coastal Bend en Texas participaron en la Conferencia de Mujeres en la Industria en el Centro de Convenciones Moody Gardens en Galveston, Texas. Fue un día lleno de aprendizaje sobre las oportunidades profesionales disponibles para mujeres en ocupaciones no tradicionales y, a menudo, ocupadas por hombres. Las estudiantes pudieron asistir a sesiones de grupo donde escucharon a mujeres hablar sobre carreras de alta demanda en las que se han abierto camino con éxito y que no muchas mujeres conocen. Pudieron caminar a través de una Exposición de Carreras/Educación y hablar con diferentes empleadores sobre diferentes trayectorias profesionales y con instituciones educativas sobre cómo pueden obtener el conocimiento y la capacitación que necesitan para prepararse para ingresar a la fuerza laboral.

"This One's for the Gals" se creó para ayudar a las señoritas con la exploración de carreras y el desarrollo de la fuerza laboral con el objetivo de empoderar a las jóvenes para que salgan de su zona de confort y entren en un mundo de infinitas posibilidades en la industria.

Al compartir relatos de muchas mujeres increíbles que están en estas industrias, esperamos ayudar a las jóvenes a verse a sí mismas en estos roles. Lo más importante es que queremos que sepan que pueden hacer cosas difíciles y estamos aquí para mostrarles cómo.

This book belongs to
Este libro pertenece a

_____

A DAY IN THE LIFE OF MARCELA THE MILLWRIGHT

●

UN DÍA EN LA VIDA DE MARCELA LA MECÁNICA INDUSTRIAL

A millwright is a skilled tradesperson who installs, maintains, repairs, dismantles and reassembles machinery.

Una mecánica industrial es una artesana hábil calificada que instala, mantiene, repara, desmonta y arma maquinaria.

The facility where Marcela works produces Liquefied Natural Gas, also known as LNG.

La fábrica donde Marcela trabaja produce Gas Natural Licuado, también conocido como LNG en inglés y GNL en español.

At Marcela's company, natural gas is cleaned and then cooled to very low temperatures so that it stays in its liquid form.

En la empresa de Marcela, el gas natural se limpia y luego se enfría a temperaturas muy bajas para que se mantenga en forma líquida.

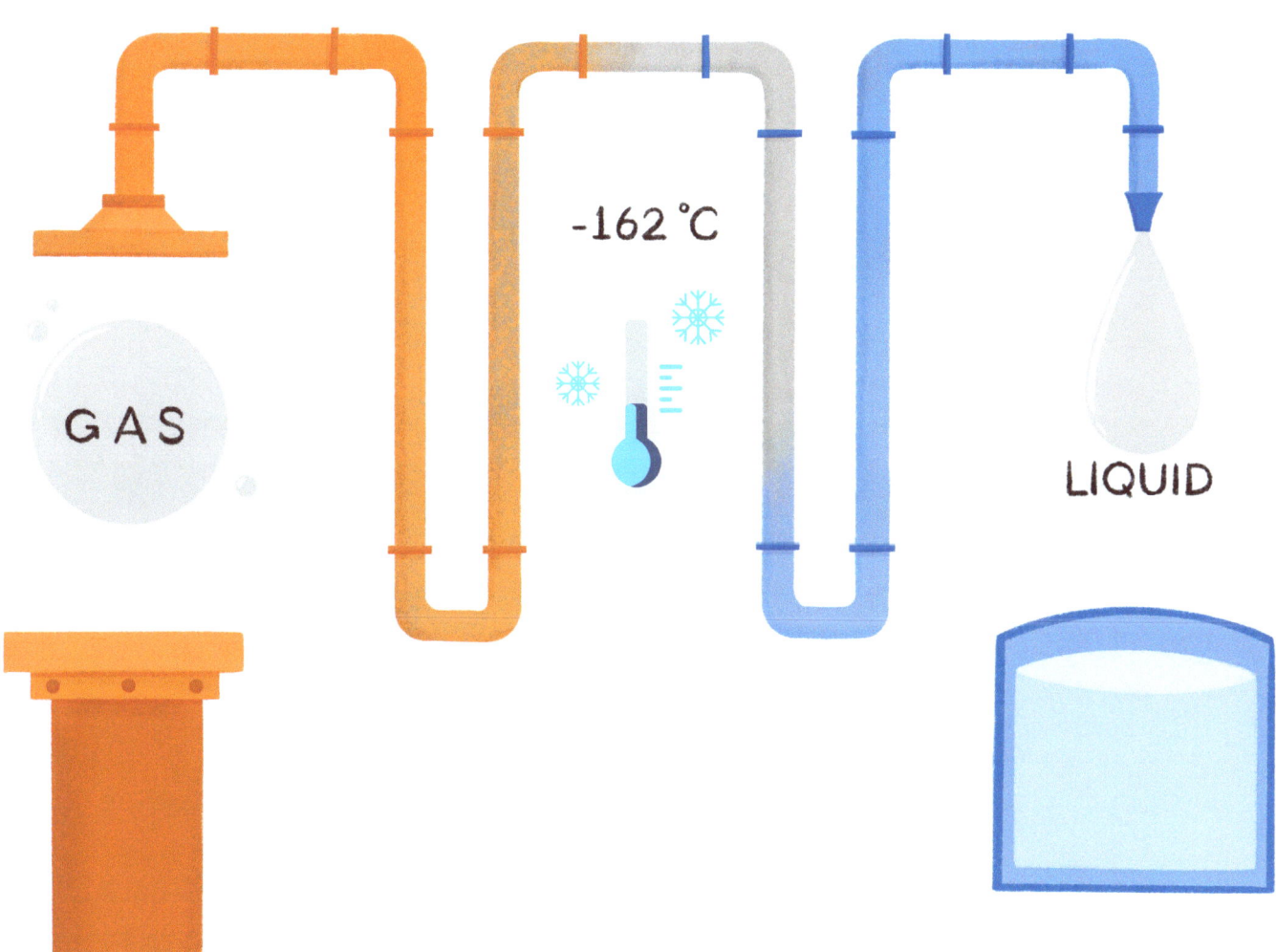

Through this process, LNG is able to be safely transported all over the world in ships for a better, cleaner future.

A través de este proceso, el GNL se puede transportar de manera segura en barcos por todo el mundo para un futuro mejor y más limpio.

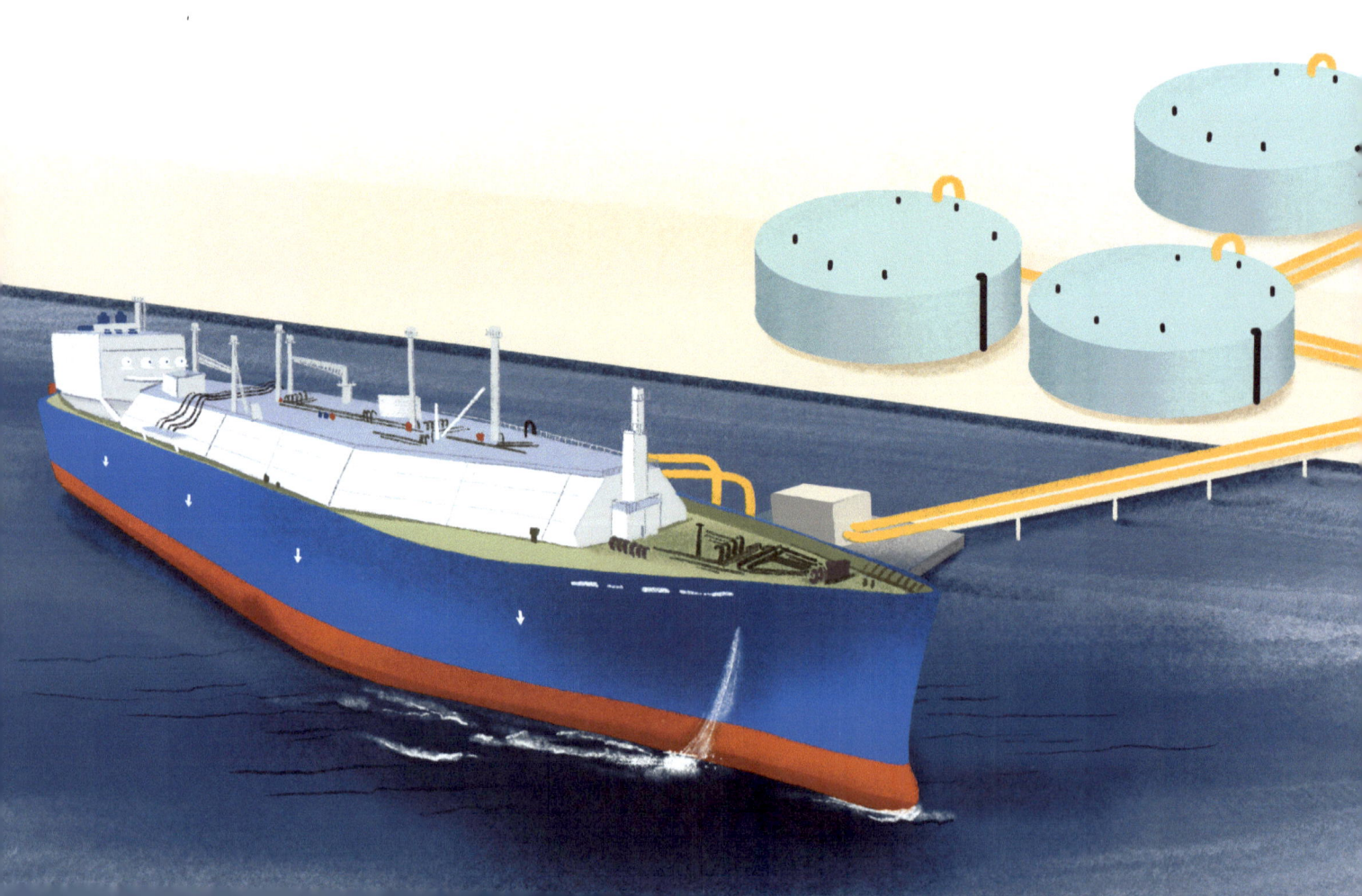

Natural Gas is something that we use every day to cook our food, heat our homes and generate electricity.

El Gas Natural es algo que usamos todos los días para cocinar nuestros alimentos, calentar nuestros hogares y generar electricidad.

Marcela works four days a week, Monday through Thursday, and is off every Friday.

Marcela trabaja cuatro días a la semana, de lunes a jueves, y tiene libre todos los viernes.

She really likes her work schedule because on her Fridays off she gets to catch up on errands and do fun things like go play bingo.

A ella realmente le gusta mucho su horario de trabajo, porque en sus viernes libres hace sus mandados y cosas divertidas como ir a jugar bingo.

Marcela begins her day with a cup of coffee and a safety meeting held by her manager.

Marcela empieza su día con una taza de café y una junta de seguridad realizada por su gerente.

During the safety meeting, her manager talks about different topics, such as making sure to wear the right Personal Protective Equipment (PPE) for the job.

Let's look at what PPE Marcela uses to keep herself safe!

Durante la junta de seguridad, su gerente discute temas, tal como asegurarse de usar el Equipo de Protección Personal (EPP) adecuado para el trabajo.

Veamos que EPP usa Marcela para mantenerse segura!

Hard hats protect her head .
●
Los cascos protegen su cabeza.

Earplugs protect her ears.
●
Los tapones de oídos protegen sus oídos.

Safety glasses protect her eyes.
●
Los lentes de seguridad protegen sus ojos.

Fire-retardant clothing protects her skin.
●
La ropa ignifuga protege su piel.

Gloves protect her hands .
●
Los guantes protegen sus manos.

Steel-toe boots protect her feet.
●
Las botas de punta de acero protegen sus pies.

Her manager also talks about the importance of using a Stop Work Authority Card.

Su gerente también habla de la importancia de la Tarjeta de Autorización de Suspensión de Trabajo.

This card can stop any job if someone notices something unsafe being done.

Esta tarjeta puede detener cualquier trabajo si alguien nota que se está haciendo algo de manera no segura.

After the morning safety meeting, Marcela reviews her schedule for the day.

Después de la junta de seguridad en la mañana, Marcela revisa su agenda del día.

She checks in with the Permit to Work office to get the exact details of the work that needs to be done.

Ella se presenta con la oficina de Permisos de Trabajo para obtener los detalles exactos de el trabajo que se debe realizar.

She also stops by the Tool Room to check out the tools she needs to perform her job.

Ella también visita la sala de herramientas para obtener las herramientas que necesita para realizar su trabajo.

Marcela uses a lot of different equipment to perform her job. She works with cranes, man lifts, scaffolds and forklifts. Sometimes she even gets to ride on a boat!

Marcela utiliza muchos equipos distintos para hacer su trabajo. Ella trabaja con grúas, elevadores de personas, andamios, y montacargas. En ocasiones, ella llega a abordar un bote!

Marcela also gets to work with different work crews, such as the Electrical Group. Before she can perform her job, an electrician needs to safely disconnect the equipment from its power source.

Marcela también trabaja con distintas cuadrillas de trabajo, tal como el Grupo Eléctrico. Antes de que pueda hacer su trabajo, un electricista necesita desconectar de manera segura el equipo de su fuente de energía.

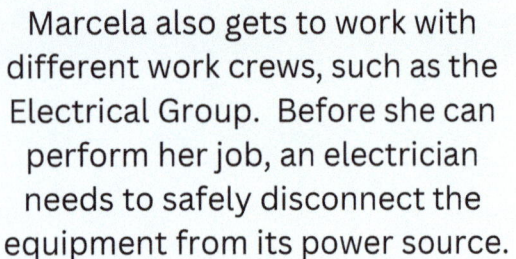

At the end of her day, Marcela cleans up all the tools she used and puts them back in their place. She completes reports that detail the jobs she did and if there were any complications with the job.

Al final de su día, Marcela limpia todas las herramientas que usó y las vuelve a colocar en su lugar. Ella completa reportes que detallan los trabajos que realizó y si hubo complicaciones con el trabajo.

When her shift is over, she packs up her things and clocks out.

Her company's most important goal is that Marcela works safely every day so she can go home and spend time doing the things she loves.

Cuando termina su turno, ella guarda sus cosas, y marca su salida.

El objetivo mas importante de su empresa es que Marcela trabaje de manera segura cada día para que regrese a su casa y dedique su tiempo a las cosas que ella ama.

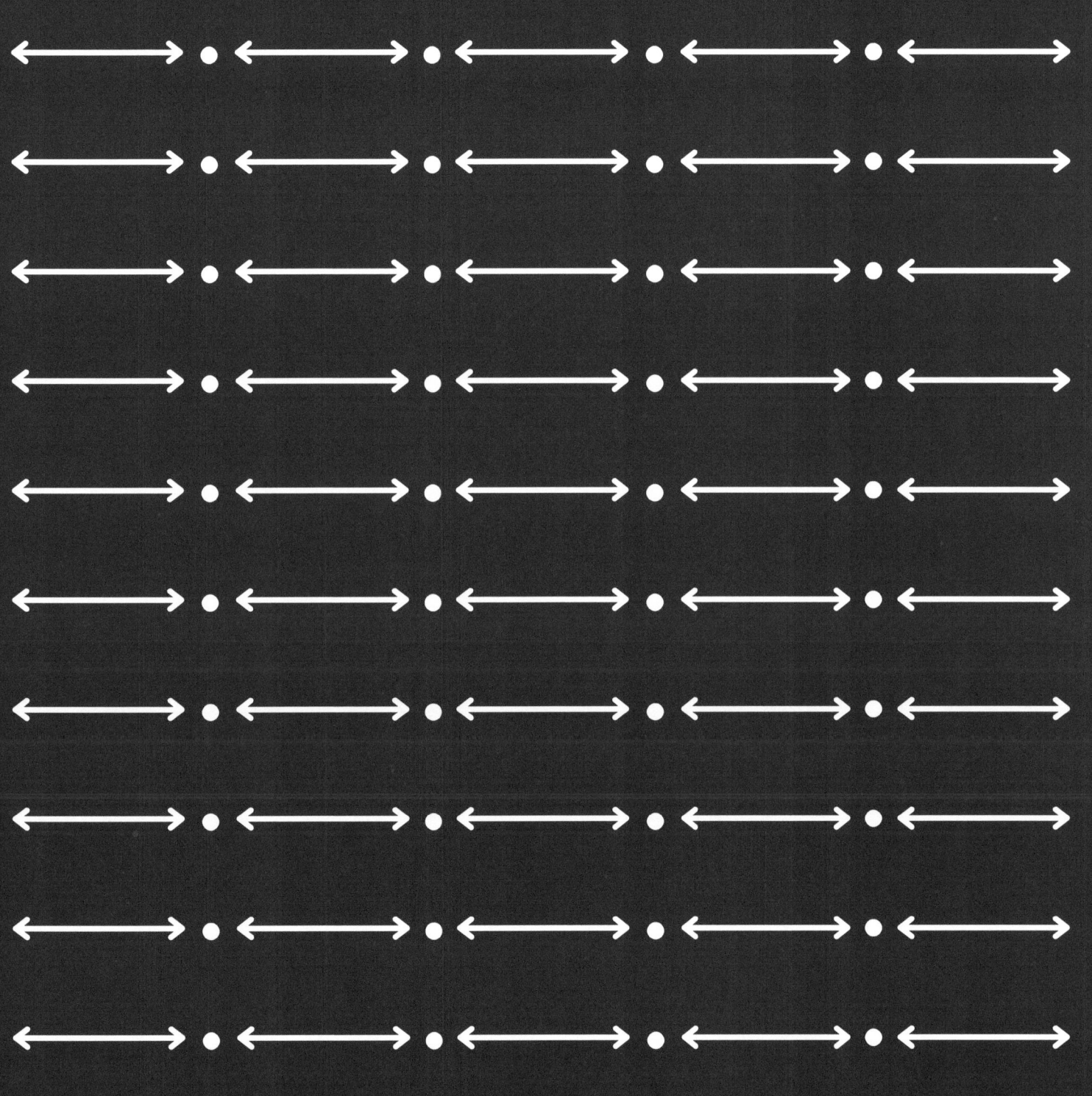

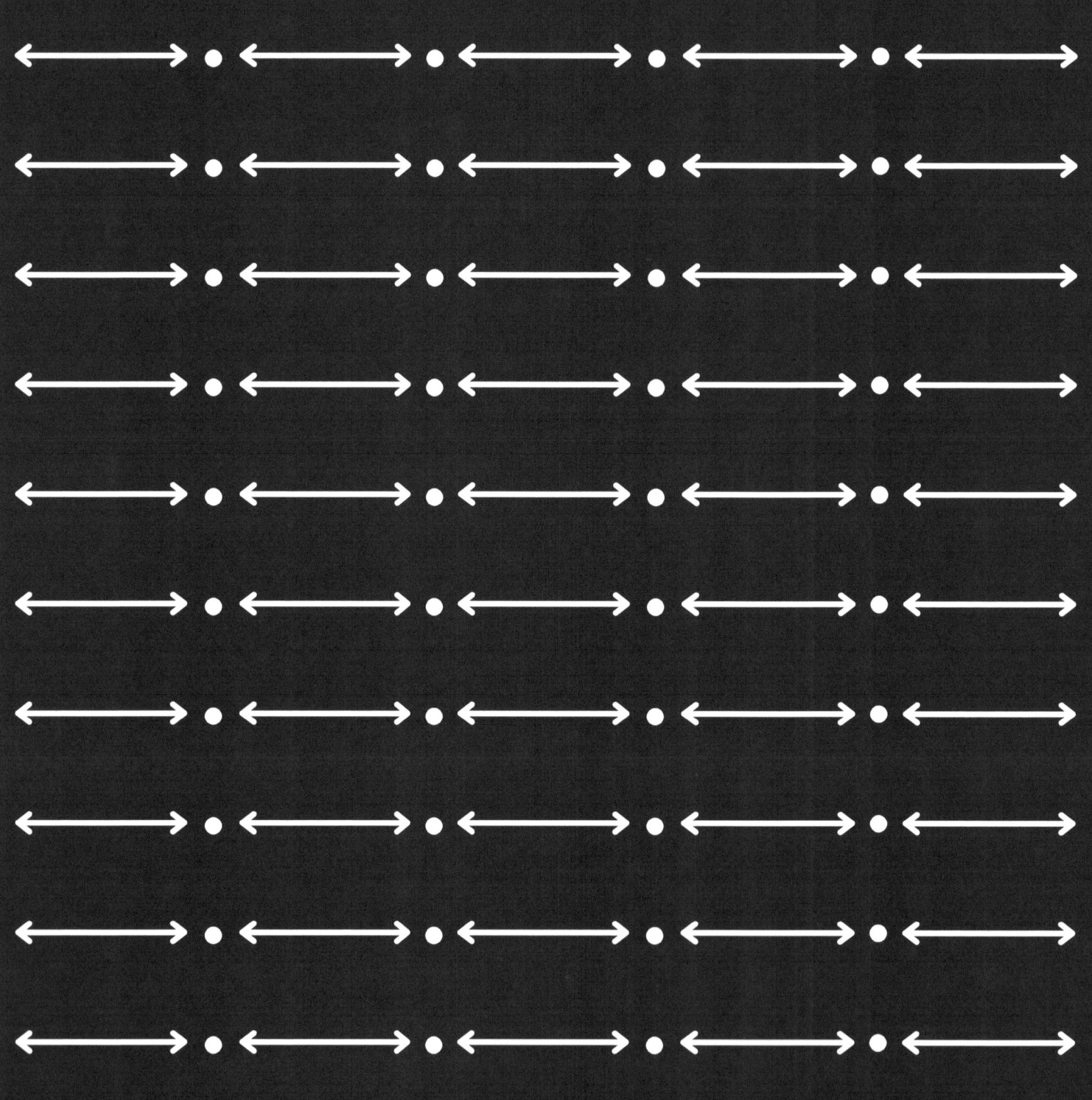

www.ingramcontent.com/pod-product-compliance
Lightning Source LLC
Chambersburg PA
CBHW041607120626

46551CB00002B/344